ADRESSE

DE L'ARMÉE PATRIOTIQUE

BORDELAISE,

A L'ASSEMBLÉE NATIONALE.

Nosseigneurs;

Les Citoyens de Bordeaux ne furent pas plutôt instruits des périls qui vous menaçoient, & des projets formés contre la Constitution, dont vous posiez les premiers fondemens, qu'ils se réunirent tous; sans distinction d'état, de rang, de condition, & s'armèrent pour vous défendre & maintenir votre ouvrage.

Les yeux fixés sur vos glorieux travaux, ils n'en mesurèrent l'étendue que pour mieux seconder vos efforts. Toujours prêts à donner leur vie pour les intérêts de la Nation & de son Roi, leur confiance en votre sagesse est égale à leur respect pour vos Décrets.

En vous offrant l'hommage de sa reconnoiffance ; en renouvellant à la Loi & au vertueux Monarque, restaurateur de la Liberté françaife, le ferment de sa fidélité, l'Armée Patriotique Bordelaife vient dépofer fes alarmes dans votre fein. Le vœu unanime de cette grande Cité ne peut vous être préfenté d'une maniere plus folemnelle.

QUELQUES Ecrivains ont manifefté des opinions erronées fur la traite & la fervitude des Noirs. D'autres ont hafardé fur notre commerce d'Amérique des idées auffi funeftes pour la Métropole que pour les Colonies. Ardens à profiter de tout ce qui peut favorifer leurs coupables projets, les ennemis du bien public ont propagé ces fyftêmes dangereux, & foudain nous avons vu tarir les fources du crédit & de la profpérité.

L'inquiétude eft pardonnable à un peuple qui n'a pu perdre encore le fouvenir des erreurs dont il fut fi fouvent la victime. Nos craintes ont été contenues jufqu'à préfent, par notre confiance en vos lumieres & en vos principes. Mais les fauteurs des fyftêmes que nous venons vous dénoncer, fe prévalent aujourd'hui de votre filence. Ils en abufent pour accréditer des moyens de féduction, d'autant plus alarmans qu'ils favent les couvrir du voile de l'humanité.

C'EST une vérité démontrée aux yeux des politiques

les moins inftruits, que les Colonies ne peuvent fubfif-
ter fans la confervation de la fervitude & de la traite.

Il eft également démontré que le Commerce de la
France feroit anéanti fi les Colonies ceffoient d'exifter
pour elle, & pour elle feule.

Or, le Commerce eft l'agent néceffaire de la Marine, de l'Agriculture & des Arts. Ces grands objets
de l'économie politique forment un tout intimément lié
dans fes parties.

L'abolition de la fervitude & de la traite entraîneroit
donc la perte de nos Colonies : la perte des Colonies
porteroit un coup mortel au Commerce, & la ruine du
Commerce frapperoit d'inertie la Marine, l'Agriculture
& les Arts.

Les Colonies feules nous donnent cette prépondé-
rance politique que jaloufent nos voifins.

Cinq millions de Français n'exiftent que par le commerce qu'elles procurent. Elles donnent un revenu an-
nuel de plus de deux cents millions, une réaction incal-
culable, & une balance de quatre - vingt millions en
notre faveur.

Cette fource de richeffes féconde les Provinces in-
térieures comme les Provinces maritimes. Elle circule
par tous les canaux de l'Agriculture & de l'Induftrie,

& se répand ainsi sur le Cultivateur, le Propriétaire, l'Artisan, le Manufacturier, le Négociant. C'est le patrimoine de toutes les classes de Citoyens.

Un sentiment irréfléchi d'humanité a pu égarer ceux qui ont écrit de bonne foi contre la servitude. Mais si le bien que ces philosophes se proposent menaçoit de tant d'horreurs que l'ame la plus froide dût frémir à leur aspect; si la mort de cent mille Français, si la ruine de tout un Royaume, devoient être l'effet d'un zele inconsidéré, est-il un seul homme qui balançât entre une perspective aussi désastreuse & l'état présent des choses?

Le Législateur ne sacrifie pas l'utilité générale à quelques inconvéniens particuliers ; il est soumis lui-même à la loi de la nécessité.

Nos Colonies ne peuvent être cultivées que par des hommes, & par des hommes habitués à un climat dévorant. Les plus grands Philosophes eux-mêmes ont reconnu, que la crainte & la force déterminant seules au travail, par-tout où l'amour du repos est en quelque sorte une loi du sol, la servitude y est le premier instrument de la culture.

Un Etat qui doit presque tout son lustre à son Commerce, ne peut pas s'écarter impunément de la route fuivie par toutes les autres nations commerçantes. La Traite des Noirs fe fait par tous les peuples qui ont des poffeffions aux Antilles ; & fi la France ceffoit de faire la Traite, les autres Nations fe garderoient bien de l'imiter ; elles s'empreffieroient au contraire de profiter de nos erreurs : & alors quel avantage en réfulteroit-il pour les Noirs? Leur pofition n'en feroit que plus cruelle. Nos loix & nos ufages fur ce Commerce portent l'empreinte des fentimens d'humanité qui nous diftinguent des autres Nations.

L'Angleterre elle-même, après avoir long-temps agité ces grandes queftions, s'eft bornée à prendre nos inftitutions pour modele. Voudrions-nous fatisfaire fon ambition, en adoptant des idées qu'elle a proferites ?

D'ailleurs les étrangers, redoublant d'activité, fourniroient alors à nos Colonies les Noirs dont leur culture ne peut fe paffer. Le befoin obligeroit les Colons à profiter de ce fecours. Des côtes qui préfentent tant de facilités au débarquement, favoriferoient fans ceffe un commerce interlope ; une partie de nos denrées coloniales iroit enrichir l'étranger ; & la France, fans avoir rien fait pour les Noirs, auroit tout fait contr'elle, & pour fes rivaux.

Dira-t-on que les Atteliers actuels peuvent fe repeupler par eux-mêmes ? S'il eſt quelques Habitations cultivées ſans nouvelles recrues, elles ne doivent cet avantage qu'à un concours de cauſes particulieres & locales. Combien d'ailleurs de défrichemens à faire encore ? Enfin, combien de cauſes extraordinaires de mortalité, qui laiſſeroient toujours bien au-deſſous de ſon calcul, celui qui voudroit marquer le terme où la Traite ne ſeroit plus néceſſaire à l'exploitation de nos Iſles.

Cependant, une ſecte dangereuſe, établie depuis peu parmi nous, ſous le titre impoſant *d'Amis des Noirs*, répand de toutes parts le ſouffle empoiſonné de ſa Doctrine. Elle s'efforce d'égarer tous les Citoyens ſur leurs vrais intérêts. Elle oſe ſe promettre, elle publie qu'elle obtiendra la liberté des Noirs & la ſuppreſſion de la Traite.

Qu'on juge ces hovateurs d'après les ſuites funeſtes de leur ſyſtême ! Voyez-les, dans la chaleur d'un faux zele, expoſer ſans pitié cent mille Européens, leurs concitoyens, leurs freres, aux fureurs de ſix cents mille eſclaves ! déja des conſpirations & des révoltes ont éclaté dans nos Iſles ! Déja la hache de l'Africain a frappé pluſieurs Français ! Tous les Colons, expoſés aux mêmes dangers, ſont en proie aux plus vives alarmes : ils appellent à grands cris les ſecours de la Mere-Patrie : pourroit-elle les leur refuser sans injustice ? Le silence même seroit cruauté : l'incertitude aggrave les tourmens, & peut porter à tous les excès du défespoir.

Vous avez confacré, NOSSEIGNEURS, le droit de propriété. Mais la propriété du Colon ne feroit-elle pas anéantie par l'affranchiffement forcé de fes Negres, la plus importante de fes propriétés, & qui feule peut donner du prix aux autres ?

La propriété du Négociant feroit - elle affurée ? Quatre cents millions avancés aux Colons n'ont pour gage que leurs propriétés, leur induftrie.

Comment le Négociant pourroit-il s'acquitter lui-même envers le Cultivateur, le Fabricant, devenus fes créanciers ?

La ruine totale de l'Empire feroit la fuite de cette effrayante révolution.

L'idée feule de tant de calamités, comprime dans tous les cœurs jufqu'aux moindres élans du Patriotifme, dans un moment où la France appelle fes enfants, & leur demande des fecours. Ils tremblent pour eux-mêmes; l'avenir les épouvante. Peuvent-ils concourir à la fortune publique, quand leur propre fortune eft en danger.

Si la Traite eft effentielle à la confervation des Colonies, les Loix prohibitives ne font pas moins néceffai-
res pour affurer à la Métropole l'exploitation & les
avantages de leur Commerce.

Un Miniftre qui a tant de droits à notre confiance, a
reconnu que « notre avantage dans les échanges repofe
» fur le commerce extérieur de nos Manufactures, &
» des denrées de l'Amérique; que le commerce de
» ces denrées compofe les trois quarts des exportations
» du Royaume; que la France doit aux denrées de fes
» Colonies une balance telle, que l'Adminiftration ne
» fauroit veiller avec trop de foin fur la fomme de prof-
» périté qu'elle poffede, & qu'elle poffede par fes
Colonies.

Les Loix prohibitives doivent donc être maintenues,
fauf des difpofitions particulieres aux temps de guerre
& de famine, & avec des précautions qui ne privent
jamais la Métropole des tributs, & des bénéfices qui lui
font dus. Les Colons ne pourroient fe refufer à reconnoître ces droits de la Métropole, fans encourir le double
reproche d'injuftice & d'ingratitude.

Nous n'avons garde, NOSSEIGNEURS, d'écouter
ceux qui calomnient leurs intentions en leur attribuant
des projets de liberté indéfinie de Commerce. Nous

trouvons leur profeffion de foi dans la lettre au Roi, du 4 Septembre 1788, écrite par les Commiffaires de Saint-Domingue.

« Nos peres allerent fonder, dans un autre hémif-
» phere, une patrie nouvelle, dont l'organifation fut
» telle qu'elle ne ceffa jamais de corréfpondre avec la
» Métropole, & de lui devenir néceffaire, en augmen-
» tant fon territoire, fes productions, fes échanges &
» fes rapports. Les befoins & les intérêts réciproques
» refferrent chaque jour ces liens. »

Tel eft encore le langage des Américains qui font venus réfider parmi nous.

Des Réglemens concertés dans votre fageffe, fixe-ront toutes les incertitudes, & concilieront les inté-rêts de la Métropole & des Colonies. Les charges, comme les fecours, doivent être répartis avec éga-lité ; & en maintenant les Loix prohibitives des Co-lonies, il vous paroîtra peut-être que l'obligation de préférer nos manufactures & nos denrées, eft la feule contribution qu'on doive exiger des Colons.

Les grandes vues d'amélioration qui vous dirigent, nous encouragent encore, Nosseigneurs, à vous adreffer nos très-humbles repréfentations fur la Com-pagnie des Indes & fur celle du Sénégal.

Les privileges exclufifs doivent être reftreints aux objets qui exigent des établiffemens trop difpendieux pour des particuliers, même réunis en affociation. Mais il arriva prefque toujours que les Compagnies exerçant elles-mêmes leur privilege avec des moyens infuffifans, ne firent qu'arrêter le mouvement & les progrès du Commerce; vérité démontrée, fur-tout à l'égard de ces deux Compagnies, dont toute la France s'empreffe de vous demander la fuppreffion.

Nous refpectons, NOSSEIGNEURS, l'ordre que vous avez établi dans vos travaux; mais en attendant que vous régliez définitivement tous les intérêts du Commerce intérieur & maritime, daignez raffurer, par un Décret folemnel, les Colons fur leurs propriétés; le Négociant, fur fes opérations; le Propriétaire, fur fes créances; le Cultivateur, fur fes travaux; le Manufacturier, fur fon induftrie : fur-tout daignez raffurer, fur fes moyens de fubfiftance, cette nombreufe claffe d'hommes, aujourd'hui fans occupation, que menacent & preffent toutes les horreurs du befoin.

Après avoir défendu la caufe de tous les Français, qu'il nous foit permis de fixer vos regards fur l'état paffé & l'état préfent de notre vafte Cité. A l'aifance qui y régnoit, à l'activité de fes opérations, a fuccédé une ftagnation générale dans les affaires. Le crédit s'éteint ; la misere s'accroît : l'année 1789, comparée à l'année 1788, présente, dans la circulation du port, une diminution de 1419 bâtimens. La population de Bordeaux, son influence sur la prospérité des Provinces qui l'avoisinent, tiennent à son Commerce, & ce Commerce est celui des Colonies. Son sort dépend essentiellement du leur ; & si nous perdons les Colonies, Bordeaux périt avec elles.

Il est instant, NOSSEIGNEURS, que vous preniez en considération nos vives alarmes. Le Décret que nous sollicitons de votre justice, vous assurera de nouveaux droits à la reconnoissance de tous les bons Français.

Nous sommes, avec respect,

NOSSEIGNEURS,

Vos très-humbles & très-obéissants serviteurs,

SIGNÉS,

LE DUC DE DURAS, *Généralissime des Troupes Patriotiques Bordelaises & de la Sénéchaussée.*

COURPON, *Major-général.*

FEGER de KIRHUEL, Colonel. DE LUBRIAC, Lieutenant-Colonel. P. F. O QUIN, Major.	Régiment de St-Remy.	GRAMONT DE CASTERA, HACHE,	Commissaires.
DARCHE DE LUXE, Colonel. SOLMINIAC, Lieutenant-Colonel. LOUIS ARROUCH, Major.	Régiment de St-Eloy.	DURANTHON, FIDELE HOSTEN,	Commiss.
FOISSAC, Colonel. BELSO, Lieutenant-Colonel; BARRÉ, Major.	Régiment de Ste-Colombe.	VANDAMME jeune, BOISSET,	Commiss.
MAZOIS, Colonel. EYMA, Lieutenant-Colonel; DUTHIL, Aide-Major.	Régiment de St-Pierre.	MAZOIS, Jn CAMBON,	Commiss.
Le Cher FROGER DE LA RIGAUDIERE, Col. PONTET, Lieutenant-Colonel. EMÉRIGON, Major.	Régiment de Puypaulin.	EMÉRIGON, VIGNES,	Commiss.
I AGRIFFOUL, Lieutenant-Colonel. BERNARD, Major.	Régiment de St-Michel.	BOUÉ, BARTHÉS,	Commiss.
VIGOR, Colonel. GAUTIER aîné, Lieutenant-Colonel. BONAFFÉ DE LANCE, Major.	Régiment de St-Mexant.	GAUTIER aîné, LAPRÉE,	Commiss.
Le Vct DE PONTAC, Colonel. JAUBERT, Lieutenant-Colonel. BERTIN jeune, Major.	Régiment de St-Projet.	JAUBERT, BAUNY,	Commiss.
Fs COUDERC, Colonel. LERIS aîné, Lieutenant-Colonel. SATIRE LERIS, Major.	Régiment de Ste-Croix.	COUDERC, DASQUE,	Commiss.
Le Cher MONTBRUN DE POMAREDE, Col. DALESME, Lieutenant-Colonel. DUVERGIER aîné, Major,	Régiment de Ste-Eulalie.	Le Cher MONTBRUN DE POMAREDE, MARANDON,	Commiss.
Ste-CLAIRE CLAUZEL, Colonel. HENRY BORY, Lieutenant-Colonel; BOUET, Major.	Régiment de St-Siméon.	LAVAL, LUMIERE,	Commiss.
RULLEAU, Colonel. NAIRAC, Lieutenant-Colonel; VINCENT fils, Major.	Régiment de St-Seurin.	BEAUJOUAN DUPLESSIS, DE GRASSI,	Commiss.
DE IULLY, Colonel. JOURGNIAC, Lieutenant-Colonel. FAYOL, Major.	Régiment de St-Christoly & St-André.	MAROT fils, Le Cher DE PICHON,	Commiss.
Le Cher DE SÉGUR, Colonel. Bo LAFITE DUPONT, Colonel en second. Le Marq. DE CANOLLE, Lieut.-Colonel. BRIVAZAC DE BAUMONT, Major.	Régiment de Cavalerie.	GAGELIN, PELUSSET fils,	Commiss.
CAZOTTE, Colonel. LEFEBURE, Major.	Régimen d'Artillerie.	LEFEBURE, Jn ORÉ aîné,	Commiss.
Le Vct D'URTUBIE, Colonel. REYNAUD, Major.	Corps des Cent-Un.	REYNAUD	Commiss.
LARROQUE, Colonel. BOUFIN, Major.	Corps de Génie.	LHOTE, PRUDHOMME	Commiss.

ADHÉSION

DE MM. LES OFFICIERS MUNICIPAUX.

Vu l'Adreſſe qui nous a été préſentée par Meſſieurs les Députés de l'Armée Patriotique Bordelaiſe, concernant la traite & la ſervitude des Noirs ; reconnoiſſant que cette réclamation eſt fondée ſur les grands principes de l'adminiſtration politique, ſur l'avantage de l'Etat & ſur la Loi des propriétés ; conſidérant que c'eſt la cauſe de la Nation dont l'Armée Patriotique ſe charge avec autant de zele que de lumieres.

Il a été unanimément délibéré d'adhérer avec empreſſement & reconnoiſſance à cette Adreſſe, & de demander à l'Armée Patriotique de joindre à ſon vœu celui des Officiers Municipaux, qui eſt celui de tous les Habitans de cette grande Cité, pour obtenir de l'Aſſemblée Nationale un Décret auſſi juſte, auſſi néceſſaire & auſſi important.

Délibéré en Jurade. A Bordeaux, 4 Février 1790.

Le Vicomte DUHAMEL, *Lieutenant - de - Maire* ; LEIDET, *Jurat* ; VILLOTTE, *Jurat* ; AQUART, *Jurat* ; DE LAMONTAIGNE, *Procureur-Syndic de la Ville.*

ARRÊT

De MM. les Quatre-vingt-dix Electeurs des Communes de Bordeaux.

Les Électeurs des Communes de Bordeaux, qui ont reçu de Messieurs les Commissaires de l'Armée Patriotique Bordelaise, une copie de l'Adresse des Citoyens à l'Assemblée Nationale, sur divers objets qui intéressent essentiellement la Cité, avec invitation d'y donner leur adhésion,

Considérant que cette Adresse exprime d'une manière énergique les sentimens de confiance, de respect, de soumission & de dévouement, dont tous les bons Citoyens doivent être pénétrés pour les dignes Représentants de la Nation, & que l'on ne sauroit trop faire éclater de tels sentimens dans des circonstances où des hommes pervers & mal intentionnés, se flattent peut-être encore de porter obstacle à l'établissement de la Constitution & à la régénération de l'État.

Considérant que la prospérité de la Ville de Bordeaux est fondée essentiellement sur celle du Commerce maritime; que c'est principalement à la décadence de ce Commerce que l'on doit attribuer l'état de misere où se trouve réduit le plus grand nombre de ses Habitans, & qu'il importe par conséquent de mettre sous les yeux de l'Assemblée Nationale les véritables causes de l'ébranlement des fortunes & de la cessation des travaux, qui en est la suite inévitable.

Considérant que le Commerce de la traite est le seul qui, depuis quelques années, ait eu des succès, soutenus pour les Négocians, les Marins, les Fabricans & les nombreux agens qu'il alimente.

Qu'ainsi ce seroit mettre le comble à nos maux que de tarir dans sa source un genre d'industrie qui soutient encore la Marine marchande, & fournit de grandes ressources à une foule d'individus pour lesquels il ne s'en présente point d'autres.

Considérant que toute participation directe des étrangers au Commerce des Colonies Françaises est une privation, pour les Français de toutes les classes, des ressources légitimes & naturelles qu'ils doivent trouver dans les rapports de la Métropole avec ses Colonies.

Que l'exclusion des étrangers de nos Colonies est d'autant plus juste, que le Commerce national a des moyens plus que suffisans pour les approvisionner de

tout ce qui peut leur être néceffaire en denrées &
marchandifes. Qu'il eft aifé à une Adminiftration pré-
voyante & fage de porter les Colonies au plus haut
degré de profpérité, fans expofer le Commerce Français à une concurrence, que dans l'état actuel des
chofes il lui eft impoffible de foutenir.

Que les étrangers nous excluant foigneufement de
leurs Colonies, une réciprocité d'exclufion eft de
toute juftice; mais que lors même que ces Puiffances
offriroient de faire ceffer cette exclufion réciproque,
nous devrions bien nous garder d'accéder à une pro-
pofition dangereufe.

Qu'il y auroit tout à perdre pour la France dans
un pareil fyftème, puifque les Anglois & les Hol-
landois ont une grande fupériorité fur nous par l'é-
conomie de leur navigation, par la perfection de leurs
manufactures, & par d'autres avantages, qui font le
fruit des encouragements, que ces Nations n'ont ceffé
d'accorder au commerce & à l'induftrie.

Que, quant aux Nations qui, n'ayant point de Colonies du genre des nôtres, admettent nos vaiffeaux
dans leurs ports, tout ce qu'elles peuvent exiger
raifonnablement, c'eft que nous les admettions dans

les ports de France, mais nullement dans ceux de nos Colonies.

Confidérant qu'un Décret folemnel de l'Affemblée Nationale, portant qu'elle s'occupera des moyens de protéger les Colonies Françaifes, de favorifer leur culture, d'affurer à la Métropole les avantages de fon Commerce, & qu'elle accordera à toutes les branches du Commerce maritime toute la protection & les encouragements dont elles font fufceptibles, doit être ardemment follicité de cette augufte Affemblée, en même temps qu'on doit repouffer, avec la plus grande force, les vœux imprudents d'une fociété qui paroît vouloir réclamer la fuppreffion de la traite des Noirs, & qui n'a fans doute pas apperçu le bouleverfement qu'une telle fuppreffion pourroit occafionner dans le Royaume.

Confidérant que le décret réclamé par les Citoyens de Bordeaux feroit, ainfi que le dit très-bien l'Adreffe, propre à raffurer les Colons fur leurs propriétés, le Négociant fur fes opérations, le Propriétaire & le Cultivateur de France fur leurs créances & fur leurs travaux, le Manufacturier fur fon induftrie, la claffe fi nombreufe & fi intéreffante des marins, des artifans, des ouvriers & journaliers fur leurs falaires & leurs moyens de fubfiftance ; ajoutons le Commerce étranger fur fes relations avec les Négociants Français ; & enfin l'Etat fur fes véritables fources de fa profpérité & de fa richeffe.

Confidérant que le vœu exprimé dans l'Adreffe pour l'abolition du privilege de la Compagnie des Indes a été conftamment celui de tous les bons Citoyens, de tous ceux qui ont préféré l'ordre de la juftice à des intérêts particuliers.

Que de tels privileges font odieux par leur nature, parce qu'ils tendent à dépouiller la Nation entiere de fes droits à une branche de Commerce très-précieufe, pour en enrichir quelques particuliers.

Qu'ils font toujours extorqués & foutenus par l'intrigue, & fondés fur des prétextes frivoles.

Qu'ils font une fource d'agiotage & de corruption, & forment dans l'état des corps puiffants, qui, par les richeffes dont ils difpofent, ont une influence dangereufe fur le Gouvernement.

Que fi, en France, on eût fait, pour encourager les fpéculations de tous les Commerçants du Royaume dans l'Inde, les facrifices qu'on a prodigués aux Compagnies à privilege exclufif, le Commerce des Français dans cette partie du monde feroit arrivé au plus haut point de splendeur ; & se roit peut-être supérieur à celui des Anglais eux-mêmes.

Considérant qu'un privilege exclusif accordé à une Compagnie pour faire le commerce de Sénégal, est un abus du même genre.

Considérant que ces sortes de Privileges donnent nécessairement lieu à la contrebande, vrai fléau du commerce légitime & des bonnes mœurs.

Que les maux qui en résultent, sont incalculables ; qu'ainsi il est bien temps de céder à la voix de la justice & de la raison, qui réclament fortement contre des abus aussi funestes.

Considérant enfin que la presque totalité des Communes de Guienne & un grand nombre de celles des Provinces Maritimes & de l'intérieur du Royaume ont déja manifesté les mêmes vœux que les Citoyens de Bordeaux au sujet de l'affranchissement des Noirs, & qu'il n'y a pas de doute qu'elles ne reconnoissent également l'utilité des décrets que nous réclamons dans l'intérêt particulier de la Cité, intérêt qui se lie parfaitement à celui de la Province & de tout le Royaume.

Ont arrêté 1°. que des exemplaires de l'Adresse des Citoyens de Bordeaux & du présent Arrêté feront envoyés aux différentes Communes de la Province de Guienne, qui feront invitées à faire connoître leur vœu sur les mêmes objets à l'Assemblée Nationale.

2°. Qu'il en fera pareillement envoyé des exemplaires à MM. les Députés des Communes de Bordeaux à l'Assemblée Nationale, avec invitation d'appuyer fortement les réclamations des Citoyens, afin d'obtenir un décret capable de dissiper leurs alarmes, & d'assurer de plus en plus la prospérité du Commerce national.

3°. Que des Députés de l'Assemblée remettront à MM. les Commissaires de l'Armée une copie du présent Arrêté.

FAIT en l'Assemblée des Quatre-Vingt-Dix Electeurs de Bordeaux, le 4 Février 1790.

SERS, *Président*; A. CROZILHAC, *Vice-Président*; L'EVÊQUE, *Secretaire*; MONNERIE, *Secretaire*; LAGARDE, *Secretaire*.

ARRÊTÉ

A R R Ê T E

Des deux cents Electeurs de la Sénéchauffée de Guienne.

Extrait des regiftres du Comité principal des deux cents Electeurs de la Sénéchauffée de Guienne.

Le Comité principal de la Sénéchauffée, après avoir vu & examiné l'Adreffe de l'Univerfalité des Citoyens de Bordeaux, réunie en Armée Patriotique, ladite Adreffe remife fur le bureau par quatre Députés de ladite Armée, délibérant fur icelle;

Confidérant que dans tous les âges, fous l'empire de toutes les Religions, & au milieu de toutes les formes de gouvernement, la feryitude a été envifagée comme un moyen néceffaire à l'exploitation des terres, dans les pays brûlans;

Que des Obfervateurs célebres par leurs lumieres, leur faine politique & leur humanité, ont reconnu que c'étoit là une loi de la nature;

Que ce feroit par conféquent une erreur auffi grande en phyfique, que funefte en politique, de fuppofer que le fol dévorant de nos Ifles pût être utilement cultivé par des mains libres;

Que des expériences fouvent réïtérées ont prouvé;

que nos hommes d'Europe, les plus robuſtes & les plus exercés à la peine, tranſportés dans nos Colonies, ou ſuccomboient bien-tôt ſous le double poids de la chaleur & du travail, ou ſe refuſoient invinciblement à des fatigues qu'ils ne pouvoient ſupporter;

Qu'il eſt bien aiſé de concevoir en effet que des Journaliers qui ne travaillent que pour vivre, n'iront pas, s'ils ſont libres, acheter, au prix de leurs ſueurs, une ſubſiſtance que leur offre par-tout un climat qui ſemble condamner l'homme à l'oiſiveté & au repos, comme le nôtre nous condamne au travail;

Qu'il n'eſt pas de milieu par conſéquent, entre l'abandon abſolu des Colonies, & la conſervation de la traite & de la ſervitude;

Que, d'un côté, l'abandon des Colonies, ſans utilité pour les Noirs (qui reſteroient toujours eſclaves) deviendroit, pour nos rivaux, un accroiſſement de patrimoine & de richeſſes;

Que, de l'autre, il produiroit inévitablement un bouleverſement dans toutes les fortunes de la France, & une eſpece de diſſolution dans l'Etat;

Que déja la ſeule crainte de ce grand déchirement, ſuite infaillible de l'abolition de la traite, a jetté la conſternation dans nos campagnes;

Que le seul espoir de l'affranchissement présenté à des étrangers, plus durement & plus tristement esclaves dans leur pays qu'ils ne le sont dans nos Isles, deviendroit une espece d'arrêt de mort pour des Colons, nos Concitoyens & nos freres ; peut-être un arrêt de servitude & de prostitution pour leurs femmes & leurs filles ;

Que cependant, abolir la traite, seroit donner l'espoir de l'affranchissement ;

Que cet espoir, déja connu, déja suivi d'insurrections meurtrieres, ne peut s'évanouir qu'à la faveur de quelque décret par lequel l'Assemblée Nationale voudra bien mettre sous sa protection & celle du Gouvernement, nos diverses propriétés des Isles & toutes les parties de notre commerce intérieur & maritime ;

Le Comité principal des deux cents Electeurs de la Sénéchauffée de Guienne, a arrêté & arrête de députer quatre d'entr'eux pour aller remercier l'Armée Patriotique Bordelaise, dans la personne de ses Commissaires, de l'Adresse qu'elle a bien voulu leur communiquer, & qui doit être présentée à NOSSEIGNEURS de l'Assemblée Nationale ; déclarent qu'ils adhérent pleinement à ladite Adresse ; qu'ils joignent leurs vœux à ceux de l'Armée, & supplient NOSSEIGNEURS de l'Assemblée Nationale , avec toute la chaleur que peut inspirer la crainte du plus grand des désastres, de vouloir bien , par un décret digne de sa sagesse, calmer des alarmes que doit partager tout bon Français.

DUFOURC, *Vice-Président du Comité principal de la Sénéchaussée de guienne.* PEREY. LOUSTAU , *Secretaire.* DELISSE , *Secretaire.*

ADHÉSION

DE MM. LES DIRECTEURS DE LA CHAMBRE DU COMMERCE.

Du Registre des délibérations de la Chambre du Commerce de la Province de guienne a été extrait ce qui suit.

Du 30 Janvier 1790.

Sont entrés MM. Latuiliere , Gaubert , Brunaud , Ferriere , Lafite Dupont & Courrejoles.

La Chambre , prévenue que MM. les Commissaires de l'Armée Patriotique Bordelaise avoient arrêté de députer vers elle , à l'effet de lui présenter une copie de l'adresse des Citoyens à l'Assemblée Nationale , & de l'inviter , au nom de l'Armée , à vouloir-bien y ajouter son adhésion dans la forme que la Chambre jugera le plus convenable. Messieurs se sont rendus à quatre heures & demie , & MM. Latuiliere , juge , & Gaubert , Consul , ont pris leurs manteaux & rabats. Le Garde ayant

annoncé l'arrivée de la députation, Messieurs sont allés.
Messieurs Beaujouan Dupleffis, Vignes, Hache & Gagelin,
qui la compofoient, fe font préfentés à la porte de la chambre,
où étant entrés, ils ont été invités à prendre place fur des
fieges difpofés à cet effet, & MM. les Directeurs ont repris
leurs places autour du bureau. M. Beaujouan Dupleffis s'eft
placé à la droite de M. le Juge, & MM. les autres Députés à
fa fuite. M. Vignes, après avoir exhibé les pouvoirs de MM.
les Députés, a fait lecture de l'Adreffe à l'Affemblée Nationale, & il a prié la Chambre de délibérer, fi elle y donnoit
fon adhéfion, & de vouloir bien leur faire délivrer une copie
de fa délibération; & il a laiffé fur le bureau tant lefdits
pouvoirs que ladite Adreffe.

Sur quoi la Chambre, pénétrée des objets traités dans ladite
Adreffe, & convaincue de la folidité des moyens qui y font
employés, a unanimement délibéré qu'elle y donnoit fon
adhéfion la plus entiere. Qu'il fera écrit à MM. les Députés
extraodinaires, pour les inftruire de la démarche de l'Armée
Patriotique Bordelaife, les engager à accélérer la remife de
l'Adreffe du Commerce de Bordeaux à l'Affemblée Nationale, afin que fa préfentation dévance celle de l'Armée Patriotique. La Chambre a de plus arrêté que MM. Lafite
Dupont & Courrejoles, qu'elle a nommés fes Députés, iront
vers le Comité de l'Armée Patriotique, lui remettre une
expédition de la préfente Délibération. Ainfi fignés au Re-
giftre, LATUILIERE, A. GAUBERT, BRUNAUD l'aîné, FERRIERE,
B. LAFITE DUPONT ET COURREJOLES.

Délivré par moi Secretaire de ladite Chambre. A Bordeaux,
le quatrieme Février mil fept cent quatre-vingt-dix.

MAIGNÉ, Secretaire.

ADHÉSION

DES PROPRIÉTAIRES DE BIENS AUX COLONIES, RÉSIDANTS A BORDEAUX.

Extrait du livre des Délibérations de l'Affemblée générale des Colons Français, réfidants à Bordeaux.

Aujourd'hui, premier Février 1790, les Colons Français réfidants à Bordeaux, réunis dans une des falles des RR. PP. Dominicains, à trois heures & demie de relevée, fur la convocation qui en a été faite dans le Journal de Guienne, M. David Gradis, préfidant l'Affemblée, a dit : Que le jour d'hier le Comité étant affemblé chez lui, il avoit eu l'honneur de recevoir une députation de l'Armée Patriotique Bordelaife, compofée de MM. Vandamme, Fidele Hoflen, Dafque & Cambon, lefquels ont remis fur le bureau copie des pouvoirs à eux donnés, & celle en forme de l'Adreffe que l'Armée Patriotique fe propofe d'envoyer à l'Affemblée Nationale, pour le maintien de la fervitude & de la traite des Noirs, & pour la continuation du régime prohibitif dans nos Colonies, & pour la fuppreffion des Compagnies des Indes & du Sénégal, & ont invité le Comité à donner fon adhéfion à ladite Adreffe dans la forme qu'il jugeroit la plus convenable : qu'il avoit répondu à MM. les Députés que le Comité étoit infiniment fenfible à l'honneur que l'Armée Patriotique vouloit bien lui faire, & qu'il ne pouvoit mieux reconnoître cet honneur, qu'en convoquant une Affemblée

générale des Colons Français résidants à Bordeaux ; pour
offrir à l'Armée une adhésion entiere & universelle.

M. le Président a ensuite fait faire lecture par le Secretaire de l'Adresse de l'Armée Patriotique Bordelaise, & après
délibération, il a été unanimement arrêté que l'Assemblée
adhéroit avec la plus grande reconnoissance à l'Adresse de
l'Armée, notamment à la continuation du régime prohibitif actuel, sauf des réglements définitifs qui fixeront, aux
termes de l'Adresse, le Commerce maritime, & concilieront
les avantages des Colonies & de la Métropole, & que la
présente Adhésion seroit portée & présentée au Comité gé-
néral de l'Armée Patriotique, avec offre de la transcrire au
bas de son Adresse, par MM. de Prunes, de Fages, Sainte-
Claire-Clauzel, le Comte Alexandre d'Anache, & de la
Seroniere, lesquels l'Assemblée a expressément chargés de
témoigner à MM. les Commissaires de l'Armée Patriotique
ses remercîmens, sa reconnoissance & son respect, & qu'elle
a chargé en outre de leur remettre une copie de l'Adresse
qu'elle se propose d'envoyer à l'Assemblée Nationale. Délibéré à Bordeaux, les jour, mois & an que dessus, & ont
signé 51 propriétaires de biens aux Colonies Françaises,
composant l'Assemblée.

Collationné sur le livre des Délibérations, à Bordeaux,
le premier Février 1790.

DE LA SERONIERE, Secretaire.

A BORDEAUX,

DE L'IMPRIMERIE DE L'ARMÉE PATRIOTIQUE BORDELAISE.